J.-F. Mallet

SIMPLISSIME

DAS EINFACHSTE SALATBUCH DER WELT

Übersetzt von Regine Schmidt

EMF

EIN BUCH DER
EDITION MICHAEL FISCHER

GEBRAUCHSANWEISUNG

Ich gehe davon aus, dass Sie Folgendes im Haus haben:

- fließendes Wasser
- einen Herd
- einen Kühlschrank
- einen Kochtopf
- eine Bratpfanne
- einen Backofen
- ein scharfes Messer
- Salz und Pfeffer
- Öl

(Falls nicht, wäre das jetzt der richtige Moment zur Anschaffung!)

Salate können vollständige, ausgewogene, gesunde und vor allem sehr leckere Mahlzeiten sein – das möchte ich mit diesem Buch zeigen. Als Abwechslung zu den ewigen Tomaten mit Mozzarella und Basilikum oder zum nicht minder bekannten Nizzasalat habe ich versucht, jedem der 45 Rezepte eine originelle Note zu geben, ob in der Kombination der Aromen oder bei den Gewürzen, teilweise auch mit knusprigen Varianten. Dennoch lassen sich die Rezepte genauso leicht umsetzen wie immer. Versprochen!

Grundzutaten

- **Salatsorten:** Ich wechsle ab zwischen Rucola, Salatherzen, Radicchio, Eisbergsalat, Frisée, Romanasalat, Blattspinat, Feldsalat und Chicorée – eine Auswahl für jeden Geschmack und jede Jahreszeit. Aber lassen Sie sich auch nach Lust und Laune inspirieren.
- **Obst und Gemüse:** Achten Sie darauf, dass Sie Obst und Gemüse der Saison und vorzugsweise (natürlich nicht obligatorisch) in Bio-Qualität verwenden – insbesondere bei Zitrusfrüchten (Zitronen, Orangen), bei denen Sie die Schale verwenden.
- **Getreide und Hülsenfrüchte:** Quinoa, Couscous, Bulgur, Linsen, Kichererbsen, Kidneybohnen ... Sie haben die Qual der Wahl.
- **Kartoffeln:** Für Salate nimmt man am besten festkochende Kartoffeln. Die Garzeit richtet sich nach Sorte und Größe sowie nach dem Durchmesser des verwendeten Kochtopfs! Die von mir angegebene Zeit (20 bis 30 Minuten) ist nur ein Anhaltspunkt. Um herauszufinden, ob sie gar sind, stechen Sie mit dem Messer in die Mitte der Kartoffel. Wenn es ohne Wiederstand eindringt, ist die Kartoffel gar.
- **Kräuter:** Frische Kräuter sind unvergleichlich, ihnen sollte man den Vorzug geben! Falls Sie mal keine zur Hand haben, können Sie auch tiefgekühlte oder getrocknete verwenden.
- **Fertigprodukte:** Es ist nützlich, stets Folgendes im Vorratsschrank zu haben: Kokosmilch, Pesto, Thunfisch, Tapenade (Olivenpaste), eingelegte Paprika und Oliven.
- **Tiefkühlware:** Auch wenn wir im Wesentlichen frische Produkte verwenden, ist es mitunter einfacher, manche Lebensmittel als TK-Produkte zu kaufen, z. B. Erbsen, Meeresfrüchte und bestimmte Fischfilets.

Nun bleibt mir nur noch, Ihnen viele schöne Momente beim Kochen, aber vor allem auch bei Tisch zu wünschen.

INHALT

KNUSPRIGER FEIGEN-MOZZARELLA-SALAT

Feigen
x 8

Rucola
50 g

Brickteig
x 2

Mozzarella
2 Kugeln

Salz, Pfeffer

2 EL Olivenöl

Zubereitung: 5 Min.
Backzeit: 8 Min.

- Den Backofen auf 180 °C vorheizen. Die **Teigblätter** mit 1 EL **Olivenöl** bepinseln, in der Mitte zusammenfalten und im heißen Ofen 8 Minuten backen.
- Die **Feigen** vierteln, **Mozzarella** und **Brickteigblätter** in Stücken dazugeben. Mit dem **Rucola** vermischen, salzen, pfeffern und mit **Olivenöl** beträufeln. Sofort servieren.

ARTISCHOCKEN-CARPACCIO-SALAT

Rinder-Carpaccio
2 Portionen

Sardellen
10 Filets (in Öl oder Salzlake)

Artischockenherzen
240 g (Dose)

Aceto balsamico
2 EL

geriebener Parmesan
2 EL

Zubereitung: 5 Min.

- Die **Artischockenherzen** halbieren und auf einer Platte anrichten.
- Das **Carpaccio** mit den in Stücke geschnittenen **Sardellen**, dem **Sardellenöl** oder etwas Olivenöl, **Essig** und **Parmesan** vermischen.
- Auf den **Artischocken** verteilen und servieren.

RAVIOLISALAT MIT GRÜNEM GEMÜSE

Erbsen
200 g (TK)

Ravioli mit Käsefüllung
250 g (TK)

Blattspinat
50 g

Olivenöl
4 EL

Pfeffer

Zubereitung: 5 Min.
Kochzeit: 2 Min.

- Die tiefgekühlten **Ravioli** voneinander lösen.
- In einer Pfanne die **Ravioli** und die noch gefrorenen **Erbsen** mit 2 EL **Olivenöl** anbraten. Abkühlen lassen.
- Alle Zutaten mit dem **Spinat** mischen. Pfeffern, den Rest des **Olivenöls** hinzufügen und sofort servieren.

TINTENFISCHSALAT MIT KICHERERBSEN

Kalmare
500 g (TK, aufgetaut)

Kirschtomaten
x 20

Kichererbsen
280 g (Glas/Dose)

Olivenöl
2 EL

getrockneter Oregano
1 EL

Rucola
50 g

Salz, Pfeffer

Zubereitung: 10 Min.
Backzeit: 10 Min.

- Den Backofen auf 200 °C vorheizen. Die längs halbierten **Kalmare** in eine Auflaufform setzen, mit **Olivenöl** und **Oregano** würzen. Im heißen Ofen 10 Minuten garen. Abkühlen lassen.
- Die **Kichererbsen** abgießen und abspülen. Die **Kirschtomaten** halbieren. Alle Zutaten mit dem **Rucola** vermischen. Salzen, pfeffern und sofort servieren.

NUDEL-AVOCADO-SALAT MIT LACHSKAVIAR

Fusilli
300 g

roter Lachskaviar
90 g

Bio-Zitronen
x 2

Avocados
x 2

Salz, Pfeffer

Olivenöl

Zubereitung: 5 Min.
Kochzeit: 10–15 Min.

- Die **Fusilli** in kochendem Salzwasser al dente garen, abgießen, kurz abtropfen und abkühlen lassen.
- **Avocados** schälen und mit dem **Zitronensaft** und den **Zitronenzesten** grob zerdrücken. Die **Nudeln** und den **Lachskaviar** dazugeben. Mischen, pfeffern und, mit **Olivenöl** beträufelt, servieren.

MARINIERTER RINDFLEISCHSALAT MIT SESAM

Rinder-Carpaccio
2 Portionen

Zitrone
x 1

Salatherzen (Little Gem)
x 5

Sesam
1 EL

Sojasauce
3 EL

Sesamöl
4 EL

Zubereitung: 5 Min.
Ruhezeit: 5 Min.

- Die **Salatherzen** vierteln und auf Tellern anrichten. Das **Carpaccio** darauf verteilen.
- **Sesamöl**, **Sojasauce**, **Zitronensaft** und **Sesam** verrühren und die Marinade über das Fleisch geben.
- 5 Minuten ruhen lassen und sofort servieren.

GARNELENSALAT MIT ZITRONENGRAS

Salatherzen (Little Gem)
x 3

Kokosmilch
100 ml

Minze
1 Bund

rosa Tiefseegarnelen
x 12 (gegart und geschält)

Zitronengras
2 Stängel

Salz, Pfeffer

4 EL neutrales Öl

Zubereitung: 5 Min.

• **Garnelen** halbieren. **Zitronengras** fein hacken. Beides mit dem grob geschnittenen **Salat** und den **Minzeblättern** vermischen.
• Mit **Öl** und **Kokosmilch** mischen. Salzen, pfeffern und sofort servieren.

PAPRIKASALAT MIT FLEISCHBÄLLCHEN

eingelegte rote Paprika
1 Dose (250 g Nettogewicht)

Rucola
50 g

Olivenöl
4 EL

geriebener Parmesan
3 EL

gewürztes Mett
150 g

Zubereitung: 5 Min.
Backzeit: 8 Min.

- Den Backofen auf 180 °C vorheizen.
- Die Hälfte des **Parmesans** mit dem **Mett** mischen und Bällchen formen. Im heißen Ofen 8 Minuten garen.
- Den **Rucola** mit in Scheiben geschnittenen **eingelegten Paprika** und **Olivenöl** mischen. Die warmen **Fleischbällchen** daraufsetzen, mit **Parmesan** bestreuen und sofort servieren.

KARTOFFELSALAT MIT MUSCHELN

Kartoffeln
x 3 (mittelgroß, etwa 500 g)

Kokosmilch
20 ml

Miesmuscheln
300 g (gegart, ohne Schale)

Koriandergrün
2 Bund

Salz, Pfeffer

Olivenöl

Zubereitung: 5 Min.
Kochzeit: 20–30 Min.

- Die **Kartoffeln** mit der Schale in kochendem Salzwasser 20–30 Minuten garen. Pellen und in Scheiben schneiden.
- Mit den **Muscheln** und der **Kokosmilch** mischen. Salzen, pfeffern.
- Das grob geschnittene **Koriandergrün** dazugeben. Mit **Olivenöl** beträufeln. Schmeckt lauwarm oder kalt.

LINSENSALAT MIT SCHINKEN

grüne Linsen
500 g

Rucola
50 g

roher Schinken
4 Scheiben

getrockneter Estragon
1 EL

Sahne
6 EL

Pfeffer

Zubereitung: 5 Min.
Kochzeit: 30 Min.

- Den Backofen auf 180 °C vorheizen. Die **Schinkenscheiben** im heißen Ofen 5 Minuten knusprig backen und abkühlen lassen. Die **Linsen** in reichlich Wasser 25 Minuten garen.
- **Rucola** mit den lauwarmen **Linsen**, **Estragon** und **Sahne** vermischen. Pfeffern. **Schinkenchips-Stücke** dazugeben und sofort servieren.

HÄHNCHENSALAT MIT ERDNÜSSEN

Hähnchenbrustfilets
x 4

Eisbergsalat
x 2

geröstete Erdnusskerne
50 g

Erdnussmus
3 EL

Sojasauce
6 EL

2 EL Erdnussöl

Zubereitung: 10 Min.
Kochzeit: 25 Min.

- Das **Hähnchenfleisch** in kleine Stücke schneiden und in einer Pfanne in **Erdnussöl** 15 Minuten anbraten. **Sojasauce** und **Erdnussmus** hinzufügen. Temperatur herunterschalten und unter Rühren noch 10 Minuten köcheln lassen.
- Den **Salat** in Streifen schneiden. Das lauwarme **Hähnchenfleisch** und die grob zerkleinerten **Erdnüsse** darübergeben und sofort servieren.

ASIATISCHER GARNELENSALAT

rosa Tiefseegarnelen
x 12 (gegart und geschält)

Salatherzen (Little Gem)
x 3

Clementinen
x 2

runde Reispapierblätter
x 12

Sojasauce
3 EL

Olivenöl
3 EL

Salz, Pfeffer

Zubereitung: 10 Min.

- **Clementinen** auspressen, den Saft mit **Sojasauce** und **Olivenöl** mischen. Die **Reispapierblätter** in warmes Wasser tauchen, danach ausdrücken. Die **Salatherzen** in schmale Streifen schneiden.
- Alle Zutaten mit den **Garnelen** vermischen. Salzen, pfeffern und sofort servieren.

KALBFLEISCHSALAT MIT PAPRIKA

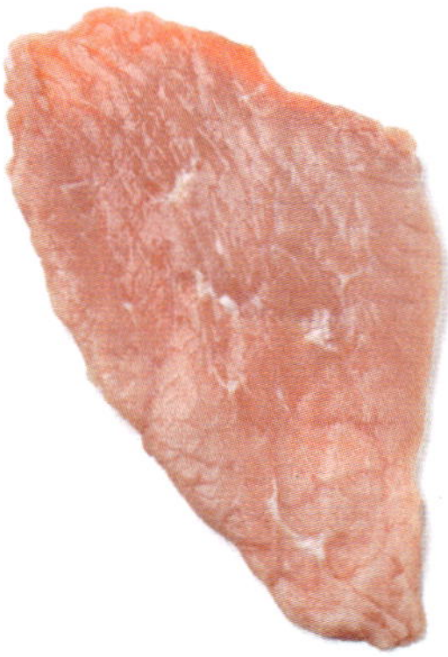

Kalbsschnitzel
x 2

Feldsalat
150 g

Paprikapulver
1 EL

Staudensellerie
x 1

griechischer Joghurt
1 Becher

Salz, Pfeffer

Olivenöl

Zubereitung: 5 Min.
Kochzeit: 1 Min.

- **Feldsalat** und **Sellerie** putzen. **Sellerie** hacken.
- **Kalbsschnitzel** in kleine Stücke schneiden, in einer Pfanne ohne Fett unter Rühren anbraten.
- Das abgekühlte Fleisch mit **Feldsalat, Joghurt,** gehacktem **Sellerie** und **Paprikapulver** mischen. Salzen, pfeffern und mit **Olivenöl** beträufeln, sofort servieren.

RINDFLEISCHSALAT MIT SCHALOTTEN

Rinder-Carpaccio
4 Portionen

geröstete Schalotten
6 EL

Eisbergsalat
300 g

Sojasauce
8 EL

Knoblauchpulver
1 TL

Olivenöl

Zubereitung: 5 Min.
Backzeit: 2 Min.

- Den Backofen auf 180 °C vorheizen. Das **Carpaccio** in eine Auflaufform geben, **Knoblauchpulver** und **Sojasauce** hinzufügen. Im heißen Ofen 2 Minuten garen.
- Auf dem in schmale Streifen geschnittenen **Salat** anrichten, mit gerösteten **Schalotten** bestreuen, mit **Olivenöl** beträufeln und sofort servieren.

KARTOFFELSALAT MIT MAISKÖLBCHEN

Kapern
50 g

Estragon
1 Bund

Kartoffeln
x 3 (mittelgroß, etwa 500 g)

Mini-Maiskolben
200 g (Dose/Glas)

Kirschtomaten
x 15

Olivenöl
4 EL

Salz, Pfeffer

Zubereitung: 5 Min.
Kochzeit: 20–30 Min.

- Die **Kartoffeln** mit der Schale in kochendem Salzwasser 20–30 Minuten garen. Pellen und in Scheiben schneiden.
- Die **Maiskolben** längs halbieren, den **Estragon** fein hacken und die **Kirschtomaten** halbieren.
- Alle Zutaten mit **Olivenöl** und **Kapern** mischen. Salzen, pfeffern und sofort servieren.

LINSEN-MÖHREN-SALAT MIT ZIEGENKÄSE

grüne Linsen
250 g

Ziegenfrischkäse
3 EL (150 g)

Möhren
x 3

Olivenöl
4 EL

Kreuzkümmel
2 EL

Salz, Pfeffer

Zubereitung: 5 Min.
Kochzeit: 25 Min.

- Die **Linsen** in reichlich Wasser 25 Minuten garen. Abkühlen lassen.
- Die **Möhren** schälen und mit einer Reibe grob raspeln.
- **Möhren, Kreuzkümmel, Linsen** und **Olivenöl** mischen. Salzen und pfeffern.
- Den **Ziegenfrischkäse** darauf verteilen und sofort servieren.

RUSTIKALER SÜSSKARTOFFELSALAT

Süßkartoffel
x 1 große

Friséesalat
200 g

Speckwürfel
250 g

grober Senf
3 EL

griechischer Joghurt
1 Becher

Salz, Pfeffer

Zubereitung: 10 Min.
Backzeit: 20 Min.

- Den Backofen auf 180 °C vorheizen. Die **Süßkartoffel** schälen und in Stücke schneiden. Mit den **Speckwürfeln** im Ofen 20 Minuten garen.
- **Senf** und **Joghurt** vermischen und über den **Friséesalat** geben.
- Die **Speckwürfel** und die **Süßkartoffel** darübergeben. Salzen, pfeffern und sofort servieren.

QUINOASALAT MIT KREBSFLEISCH UND EIERN

Quinoa
200 g

Eier
x 4

Dill
1 Bund

Krebsfleisch
200 g

Salz, Pfeffer

Olivenöl

Zubereitung: 5 Min.
Kochzeit: 20 Min.
Ruhezeit: 10 Min.

- Die **Quinoa** in 400 ml Salzwasser 10 Minuten zugedeckt garen, dann auf der ausgeschalteten Herdplatte noch 10 Minuten quellen lassen. Abkühlen lassen.
- Die **Eier** in kochendem Wasser 10 Minuten hart kochen. Abschrecken, pellen und vierteln.
- Sämtliche Zutaten mischen, salzen, pfeffern und mit **Olivenöl** beträufeln. Sofort servieren.

BROTSALAT MIT TOMATEN UND BASILIKUM

Bauernbrot
3 Scheiben

Tomaten
x 4 (schön reif)

Olivenöl
8 EL

rote Zwiebel
x 1

Basilikum
1 Bund

schwarze Oliven
x 20 (ohne Stein)

Salz, Pfeffer

Zubereitung: 5 Min.
Röstzeit: 2 Min.
Marinierzeit: 10 Min.

- Die **Brotscheiben** rösten und grob zerkleinern. Mit den in Stücke geschnittenen **Tomaten**, dem **Olivenöl**, der in Ringe geschnittenen **Zwiebel** und den **Oliven** mischen. Salzen, pfeffern und 10 Minuten marinieren.
- **Basilikumblättchen** hinzufügen und sofort servieren.

NUDELSALAT MIT TAPENADE

Fusilli
200 g

Tapenade (Olivenpaste)
4 EL

Kirschtomaten
x 16

Bio-Salatgurke
x ¼

Olivenöl
4 EL

Salz, Pfeffer

Zubereitung: 10 Min.
Kochzeit: 10 Min.

- Die **Nudeln** in kochendem Salzwasser al dente garen, abgießen, abtropfen und abkühlen lassen.
- Die **Kirschtomaten** halbieren. Die **Salatgurke** längs halbieren und in dünne Streifen schneiden.
- Alle Zutaten mit der Hälfte der **Tapenade** mischen. Salzen, pfeffern.
- Mit der restlichen **Tapenade** servieren.

MELONENSALAT MIT LACHS

Lachsfilet
x 1 (ohne Haut)

Honigmelone
x 1

blaue Weintrauben
x 25

Schnittlauch
1 Bund

Olivenöl
4 EL

Salz, Pfeffer

Zubereitung: 10 Min.
Kochzeit: 10 Min.

• Das **Lachsfilet** in kochendem Wasser 8–10 Minuten garen. Die **Melone** entkernen, schälen und in Stücke schneiden.

• **Melonenstücke**, **Weintrauben**, **Schnittlauchröllchen** und den in Stücke geschnittenen kalten **Lachs** vermischen. Mit **Öl** beträufeln, salzen, pfeffern und servieren.

KNUSPRIGER ENTENSALAT

Enten-Confit
2 Keulen

Brickteig
3 Blätter

Radicchio
x 1

Bio-Orange
x 1

5 EL neutrales Öl

Zubereitung: 5 Min.
Backzeit: 10 Min.

- Den Backofen auf 180 °C vorheizen. Die **Entenkeulen** 10 Minuten und die mittig gefalteten, mit 1 EL **Öl** bepinselten **Teigblätter** 8 Minuten backen.
- Zerzupften **Radicchio,** zerzupftes **Entenfleisch** und in Stücke gebrochenen **Brickteig** mischen. Mit **Öl**, **Orangenzesten** und **Orangensaft** würzen und sofort servieren.

KICHERERBSEN-AVOCADO-SALAT

Avocados
x 2

Kichererbsen
280 g (Glas/Dose)

Zitrone
x 1

Olivenöl
4 EL

frische Kräuter
2 Bund

rote Zwiebel
x 1

Salz, Pfeffer

Zubereitung: 5 Min.

- Die geschälten, in Stücke geschnittenen **Avocados** mit **Zitronensaft** und **Olivenöl** mischen. **Kichererbsen** abgießen und abspülen. Die **Zwiebel** schälen und in dünne Ringe schneiden.
- Alle Zutaten mit den fein gehackten **Kräutern** mischen. Salzen, pfeffern und sofort servieren.

FEIGENSALAT MIT ENTENBRUST

geräucherte Entenbrust
8 Scheiben

Romanasalat
x 1

geriebener Parmesan
4 EL

griechischer Joghurt
1 Becher

Feigen
x 8

Salz, Pfeffer

Olivenöl

Zubereitung: 5 Min.

- Den **Salat** grob zerteilen. Mit **Joghurt** und **Parmesan** mischen.
- Die geviertelten **Feigen** und die **Entenbrustscheiben** dazugeben.
- Salzen, pfeffern, mit **Olivenöl** beträufeln und sofort servieren.

ZUCCHINI MIT TAPENADE UND ZIEGENKÄSE

Zucchini
x 2

Ziegenfrischkäse
3 EL

Minze
1 Bund

Tapenade
12 TL

Olivenöl
4 EL

Salz, Pfeffer

Zubereitung: 10 Min.

- Die **Zucchini** mit einer Reibe grob raspeln. Mit den **Minzeblättern** und **Olivenöl** mischen und auf einer Platte anrichten.
- **Tapenade-** und **Ziegenkäse-Häufchen** auf das **Zucchinibett** setzen. Salzen, pfeffern und sofort servieren.

KARTOFFEL-PILZ-SALAT MIT BEEREN

Rote Johannisbeeren
5 Rispen

Champignons
x 9 (mittelgroß, etwa 200 g)

Kartoffeln
x 2 (mittelgroß, etwa 400 g)

griechischer Joghurt
1 Becher

getrockneter Estragon
2 EL

Salz, Pfeffer

Zubereitung: 5 Min.
Kochzeit: 20–30 Min.

- Die **Kartoffeln** mit der Schale in kochendem Salzwasser 20–30 Minuten garen. Pellen und in Scheiben schneiden. Die **Champignons** putzen und in Scheiben schneiden.
- Alle Zutaten mischen. Salzen, pfeffern und servieren.

KNUSPRIGER RINDFLEISCHSALAT

Rucola
100 g

Rinder-Carpaccio
3 Portionen

Olivenöl
5 EL

getrockneter Oregano
1 EL

Basilikum
1 Bund

Brickteig
3 Blätter

Salz, Pfeffer

Zubereitung: 5 Min.
Backzeit: 8 Min.
Marinierzeit: 5 Min.

- Den Backofen auf 180 °C vorheizen. Die in der Mitte gefalteten und mit 1 EL **Olivenöl** bepinselten **Teigblätter** 8 Minuten backen.
- **Rindfleisch**, restliches **Öl** und **Oregano** vermischen. 5 Minuten marinieren. Den **Rucola**, den in Stücke gebrochenen **Brickteig** und das **Basilikum** dazugeben. Salzen, pfeffern und sofort servieren.

CHICORÉESALAT MIT BLAUSCHIMMELKÄSE

Chicorée
x 3

blaue Weintrauben
2 Trauben

Blauschimmelkäse
200 g

Schnittlauch
1 Bund

Walnussöl
4 EL

Pfeffer

Zubereitung: 5 Min.

- Die **Chicoréeblätter** auf einer Platte anrichten. Den in Stücke zerteilten **Blauschimmelkäse**, die **Weintrauben** und **Schnittlauchröllchen** daraufgeben.
- Mit dem **Walnussöl** würzen, pfeffern und servieren.

CAESAR SALAD MIT GARNELEN

Romanasalat
x 1

rosa Tiefseegarnelen
x 16 (gegart und geschält)

Quark
2 EL

Knäckebrot
4 Scheiben

Olivenöl
4 EL

geriebener Parmesan
4 EL

Salz, Pfeffer

Zubereitung: 5 Min.

- Den **Salat** in einer Schüssel mit **Quark**, **Garnelen**, **Olivenöl** und **Parmesan** vermischen. Salzen, pfeffern.
- Das in Stücke gebrochene **Knäckebrot** dazugeben, alles nochmals mischen und sofort servieren.

MELONENSALAT MIT FETA UND SCHINKEN

Wassermelone
x ¼

Feta
200 g

getrockneter Oregano
2 EL

Olivenöl
4 EL

roher Schinken
4 Scheiben

Zubereitung: 5 Min.
Backzeit: 5 Min.

- Den Backofen auf 180 °C vorheizen. **Schinkenscheiben** im heißen Ofen 5 Minuten backen, abkühlen lassen.
- Den zerbröckelten **Feta**, das in Stücke geschnittene **Melonenfruchtfleisch**, **Oregano** und **Olivenöl** vermischen.
- **Schinkenstücke** zugeben und gleich servieren.

NUDELFRITTATA

Farfalle
200 g

frische Kräuter
2 Bund

Eier
x 4

Rucola
50 g

Olivenöl
3 EL

Salz, Pfeffer

Zubereitung: 10 Min.
Kochzeit: 15 Min.

- Die **Nudeln** in kochendem Salzwasser al dente garen, abgießen, abtropfen und abkühlen lassen.
- Die **Kräuter** grob hacken, zu den verquirlten **Eiern** geben, salzen, pfeffern. Die Eimasse in einer Pfanne in 1 EL **Olivenöl** 2 Minuten unter Rühren garen. Abkühlen lassen.
- Eier mit den **Nudeln** und **Rucola** mischen. Mit dem restlichen **Olivenöl** beträufelt, servieren.

KARTOFFEL-SPARGEL-SALAT MIT LACHS

Kartoffeln
x 3 (mittelgroß, etwa 500 g)

grüner Spargel
8 Stangen

Räucherlachs
3 Scheiben

Mayonnaise
2 EL

Salz, Pfeffer

Zubereitung: 5 Min.
Kochzeit: 20–30 Min.

- Die **Kartoffeln** mit der Schale in kochendem Salzwasser 20–30 Minuten garen. Pellen und in Scheiben schneiden.
- Den **Spargel** im unteren Drittel schälen, die holzigen Enden entfernen. 3 Minuten blanchieren. **Spargel** und **Lachs** in Stücke schneiden.
- Alle Zutaten mischen. Salzen, pfeffern, servieren.

MARINIERTER ROTBARBENSALAT

Salatherzen (Little Gem)
x 4

Rotbarbenfilets
x 8

Olivenöl
3 EL

Bio-Zitronen
x 2

Sojasauce
6 EL

Zubereitung: 5 Min.
Kochzeit: 4 Min.

- Den Backofen auf 180 °C vorheizen.
- **Rotbarben** in Stücke schneiden und in eine Auflaufform setzen. **Olivenöl**, **Sojasauce**, **Zitronensaft** und **-zesten** darübergeben. Im heißen Ofen 4 Minuten garen.
- Die **Rotbarbenstücke** auf den gewaschenen und geviertelten **Salatherzen** anrichten. Sofort servieren.

BRATHÄHNCHENSALAT MIT KARTOFFELCHIPS

gegartes Brathähnchen
x 1 (klein)

Eisbergsalat
300 g

Kartoffelchips
30 g

Koriandergrün
2 Bund

Olivenöl
4 EL

Sojasauce
6 EL

Zubereitung: 5 Min.

- Den **Salat** in Streifen schneiden. Mit dem grob geschnittenen **Koriandergrün** und dem in Stücke zerteilten **Hähnchenfleisch** mischen.
- Mit **Sojasauce** und **Olivenöl** würzen. Die **Chips** dazugeben, vermischen und sofort servieren.

LAUWARMER TINTENFISCHSALAT IN TINTE

eingelegte rote Paprika
1 Dose

gegarter Tintenfisch
300 g

Kartoffeln
x 2 (mittelgroß, ca. 400 g)

getrockneter Oregano
1 EL

Tintenfischtinte
1 Beutel (vom Fischhändler)

Olivenöl
4 EL

Salz, Pfeffer

Zubereitung: 5 Min.
Kochzeit: 20–30 Min.

- Die **Kartoffeln** mit der Schale in kochendem Salzwasser 20–30 Minuten garen.
- Den **Tintenfisch** und die zerkleinerten **eingelegten Paprika** mit **Oregano**, **Tintenfischtinte** und **Olivenöl** mischen.
- **Kartoffeln** pellen und in Stücke schneiden.
- Noch warm dazugeben, salzen, pfeffern und sofort servieren.

KNUSPRIGER GARNELENSALAT

rosa Tiefseegarnelen
x 12 (gegart und geschält)

Krabbenchips
x 20

Himbeeren
1 Schälchen (125 g)

Eisbergsalat
150 g

Himbeeressig
2 EL

Salz, Pfeffer

3 EL neutrales Öl

Zubereitung: 5 Min.

- Den **Salat** in Streifen schneiden. Mit **Himbeeren**, **Öl**, **Essig** und in Stücke geschnittenen **Garnelen** mischen.
- Die halbierten **Chips** dazugeben. Salzen, pfeffern und sofort servieren.

ROTE BOHNEN MIT ROTEN BEEREN

Kidneybohnen
250 g (Dose)

Koriandergrün
2 Bund

Rote Johannisbeeren
5 Rispen

Heidelbeeren
1 Schälchen (125 g)

Himbeeressig
3 EL

Räucherspeck
6 dünne Scheiben (100 g)

4 EL neutrales Öl

Zubereitung: 5 Min.
Backzeit: 10 Min.

- Den Backofen auf 180 °C vorheizen. Die **Speckscheiben** in eine Auflaufform geben und im heißen Ofen 10 Minuten backen. In Stücke schneiden.
- Alle Zutaten mischen und servieren.

OMAS KARTOFFELSALAT LIGHT MIT GARNELE

Kartoffeln
x 3 (mittelgroß, etwa 500 g)

Erbsen
200 g (TK)

rosa Tiefseegarnelen
x 12 (gegart und geschält)

griechischer Joghurt
1 Becher

Salz, Pfeffer

Zubereitung: 5 Min.
Kochzeit: 20–30 Min.
Auftauzeit: 5 Min.

- Die **Erbsen** auftauen. Die **Kartoffeln** mit der Schale in kochendem Salzwasser 20–30 Minuten garen. Pellen und in Scheiben schneiden.
- Die Kartoffeln mit den **Erbsen**, dem **Joghurt** und den in Stücke geschnittenen **Garnelen** mischen. Salzen, pfeffern und servieren.

REISSALAT MIT MERGUEZ

Merguez
x 4

gekochter Reis
200 g

Blattspinat
50 g

griechischer Joghurt
1 Becher

Kurkumapulver
1 EL

Pfeffer

Zubereitung: 5 Min.
Backzeit: 10 Min.

- Den Backofen auf 180 °C vorheizen. Die **Merguez** im heißen Ofen 10 Minuten garen. Abkühlen lassen und in Stücke schneiden.
- Den **Reis** mit **Joghurt** und **Kurkuma** vermischen und 1 Minute erhitzen.
- **Merguez** und **Spinat** dazugeben. Pfeffern und sofort servieren.

ORIENTALISCHER BULGURSALAT

eingelegte Paprika
1 Dose

Bulgur
100 g

grüne & schwarze Oliven
160 g (ohne Stein)

eingelegte Zitrone
x ½

Basilikum
1 Bund

Olivenöl

Zubereitung: 5 Min.
Ruhezeit: 2 Std.

- Den **Bulgur** in 300 ml lauwarmem Wasser 2 Stunden im Kühlen quellen lassen.
- Die Schale der **eingelegten Zitrone** in dünne Scheiben schneiden. Mit den in Stücke geschnittenen **eingelegten Paprika**, den **Oliven** und dem gequollenen **Bulgur** mischen. Die **Basilikumblätter** dazugeben und, mit etwas **Olivenöl** beträufelt, servieren.

LAUWARMER BULGURSALAT MIT ENTENMÄGEN

eingelegte Entenmägen
380 g

Bulgur
100 g

Radicchio
x ½

Walnussöl
4 EL

Walnusskerne
x 15

Salz, Pfeffer

Zubereitung: 5 Min.
Ruhezeit: 2 Std.
Kochzeit: 10 Min.

- Den **Bulgur** in 300 ml lauwarmem Wasser 2 Stunden im Kühlen quellen lassen.
- Backofen auf 180 °C vorheizen. Die halbierten **Entenmägen** im heißen Ofen 10 Minuten garen.
- **Radicchio** in Streifen schneiden, **Walnüsse** hacken. Mit **Walnussöl** und **Bulgur** mischen.
- Die warmen **Entenmägen** dazugeben, salzen, pfeffern und sofort servieren.

TABOULÉ MIT WASSERMELONE

Minze
1 Bund

Wassermelone
x ¼

Olivenöl
4 EL

Couscous
100 g

Bio-Salatgurke
x ½

Zitronen
x 2

Zubereitung: 5 Min.
Ruhezeit: 2 Std.

- Die **Wassermelone** entkernen und das **Fruchtfleisch** in Würfel schneiden. Die **Gurke** in kleine Würfel schneiden.
- Mit **Couscous**, **Zitronensaft**, **Öl**, **Minzeblättern** und 100 ml Wasser vermischen.
- Zum Ausquellen 2 Stunden kühl stellen, anschließend servieren.

COLESLAW MIT BACON

geriebener Rotkohl
150 g

Räucherspeck
6 dünne Scheiben (100 g)

Romanasalat
x 1

Cashewkerne
1 Handvoll

Apfelessig
2 EL

Pfeffer

4 EL neutrales Öl

Zubereitung: 5 Min.
Backzeit: 15 Min.

- Den Backofen auf 180 °C vorheizen. Die **Speckscheiben** in eine Auflaufform geben und im heißen Ofen 15 Minuten backen.
- Den **Salat** grob zerteilen. Mit **Rotkohl**, in Stücke geschnittenem **Räucherspeck** und **Cashewkernen** mischen. Mit **Öl** und **Apfelessig** beträufeln. Pfeffern und sofort servieren.

PAPRIKA-AUBERGINEN-SALAT MIT THUNFISCH

rote Paprikaschote
x 1

gelbe Paprikaschote
x 1

Thunfisch in Öl
1 Dose (100 g Nettogewicht)

getrockneter Oregano
2 EL

Aubergine
x 1

Zubereitung: 10 Min.
Backzeit: 40 Min.

• Den Backofen auf 180 °C vorheizen. Die in Stücke geschnittene **Aubergine** und die in Streifen geschnittenen **Paprikaschoten** in eine Auflaufform geben, mit **Thunfischöl** und **Oregano** würzen. Im heißen Ofen 40 Minuten garen. Abkühlen lassen.

• Mit dem zerpflückten **Thunfisch** mischen und servieren.

REISSALAT MIT KAMMMUSCHELN

Kammmuschelfleisch
300 g (mit dem Corail)

roter Wermut
4 EL

Himbeeren
1 Schälchen (125 g)

Blattspinat
50 g

gekochter Reis
200 g

Olivenöl
4 EL

Salz, Pfeffer

Zubereitung: 5 Min.
Backzeit: 6 Min.

- Den Backofen auf 180 °C vorheizen.
- **Kammmuschelfleisch**, **Wermut** und **Olivenöl** zusammen in eine Auflaufform geben und im heißen Ofen 6 Minuten garen.
- Mit dem **Reis** mischen und abkühlen lassen.
- Den **Blattspinat** und die **Himbeeren** hinzufügen. Salzen, pfeffern und sofort servieren.

REGISTER

IMPRESSUM

Bibliografische Information der Deutschen Bibliothek.

Die Deutsche Bibliothek verzeichnet diese Publikation in der deutschen Nationalbibliografie. Detaillierte bibliografische Daten sind im Internet über http://www.dnb.de/ abrufbar.

EIN BUCH DER EDITION MICHAEL FISCHER

1. Auflage 2018

Erstveröffentlicht bei Hachette Livre (Hachette Pratique).

Titel der Originalausgabe:
Salades complétes les plus faciles du monde
Text und Fotos von Jean-François Mallet
Grafik-Design und Layout: Marie-Paule Jaulme

Aus dem Französischen übertragen von: Regine Schmidt, Karlsruhe
Lektorat: Bettina Snowdon, Hamburg
Produktmanagement: Natascha Mössbauer
Gesamtherstellung: Theresa Born, Yvonne Witzan

ISBN 978-3-86355-905-2

Gedruckt in Spanien by Grafica Estella, Carreta Estella, Tafalla KM 2,
31131 Villatuerta-Navarra

www.emf-verlag.de